नेपाली कविताएँ

[चयन]

नेपाली कविताएँ

प्रधान सम्पादक

सर्वेश्वरदयाल सक्सेना

सम्पादक

किशोर नेपाल

जगदीश घिमिरे

राजकमल प्रकाशन

ISBN : 978-93-89577-57-0

मूल्य : ₹200

पहला संस्करण : 1982
तीसरा संस्करण : 2020

प्रकाशक : राजकमल प्रकाशन प्रा. लि.
1-बी, नेताजी सुभाष मार्ग, दरियागंज
नई दिल्ली-110 002
द्वारा प्रकाशित

शाखाएँ : अशोक राजपथ, साइंस कॉलेज़ के सामने, पटना-800 006
पहली मंज़िल, दरबारी बिल्डिंग, महात्मा गांधी मार्ग, इलाहाबाद-211 001
36 ए, शेक्सपियर सरणी, कोलकाता-700 017
वेबसाइट : www.rajkamalprakashan.com
ई-मेल : info@rajkamalprakashan.com

मुद्रक : बी.के. ऑफसेट
नवीन शाहदरा, दिल्ली-110 032

NEPALI KAVITAYEN
An Anthology of Nepalese Poems
Edited by Sarveshwar Dayal Sexena

नेपाली कविताएँ

क्रम

भूमिका

नेपाली कविता से मेरा पहला परिचय 1956 में एशियाई लेखक सम्मेलन के अवसर पर प्रकाशित 'इन्द्रेनी' से हुआ था जिसके सम्पादक माधवप्रसाद घिमिरे थे और जिसका विमोचन राष्ट्रपति भवन में हुआ था। इस काव्य-संकलन में नेपाली कविताएँ और साथ में उनका अंग्रेजी अनुवाद भी था। नेपाली में कविताओं का अर्थ टटोलना पड़ता था और उनके हिन्दी रूप की आवश्यकता महसूस होती थी। दूसरा परिचय 1965 में हुआ जब मैं कवि के रूप में कवियों के एक प्रतिनिधिमंडल के साथ नेपाल गया। वहाँ हर पीढ़ी की कविताएँ सुनने को मिलीं—बालकृष्ण सम जैसे वरिष्ठ कवियों से लेकर एकदम आक्रोश से भरे नवीनतम कवियों तक की। उस समय भी यह इच्छा हुई कि इन कविताओं को हिन्दी में आना चाहिए। फिर अक्सर नेपाली कविताओं का हिन्दी अनुवाद 'दिनमान' में प्रकाशित होने में सहायक रहा। लेकिन इसे पूरी तरह योजनाबद्ध करने का रास्ता तब निकला जब 1977 में नेपाल के युवाकवि **किशोर नेपाल** से भेंट हुई। वह हिन्दी में समसामयिक नेपाली कवियों का संग्रह निकले, इसके लिए

स्वयं भी उत्सुक थे। यह योजना राजकमल प्रकाशन में जाकर श्रीमती शीला सन्धू को बताई गई। वह इसके प्रकाशन के लिए तैयार हो गईं। इस तरह पूरे उत्साह में भरकर किशोर नेपाल ने कुछ ही अरसे में यह संग्रह तैयार कर दिया। एक तरह से यह संग्रह उनके ही परिश्रम का फल है। नेपाली काव्य-साहित्य और कवियों से पूरी तरह गहराई से मेरा परिचय न होने के कारण संगृहीत कवियों और उनकी कविताओं का चुनाव भी किशोर नेपाल ने ही किया है। मैंने केवल उनके द्वारा किए गए हिन्दी अनुवाद को ठीक किया है, उसे हिन्दी भाषा और व्याकरण के अनुरूप बनाया है और जहाँ अनुवाद में कविता दब रही थी, वहाँ उसे उभारा है और इस प्रक्रिया में यह भी कोशिश की है कि नेपाली भाषा और शब्दों की थोड़ी-बहुत झलक भी बनी रहे।

संग्रह छपने में देर हुई। फिर भी यह छप रहा है, इसके लिए इस संग्रह के कवि, सम्पादक—सब श्रीमती शीला सन्धू के कृतज्ञ हैं। यह संग्रह यदि अपूर्ण लगे तो उसकी चिन्ता नहीं की जानी चाहिए क्योंकि कभी-कभी बहुत-सी जरूरी और अच्छी चीजें अपूर्ण रहकर भी अपना काम पूर्ण करती हैं। इसे हिन्दी और नेपाली कवियों के बीच रचनात्मक मैत्री की एक कड़ी के रूप में स्वीकार किया जाना चाहिए। हिन्दी के पाठक इस छोटे-से संग्रह से इतना जरूर समझ सकेंगे कि आज का नेपाली कवि संवेदना की किस जमीन पर खड़ा है, किन तनावों में जी रहा है, व्यवस्था से कैसे और किस हद तक टकरा रहा है और उसकी चिन्ताओं की परिधि कितनी व्यापक है।

—सर्वेश्वरदयाल सक्सेना

नई दिल्ली
30 सितम्बर, 1982

नेपाली साहित्य : एक परिचय

नेपाल नामक इस भूखंड में साहित्य और राजनीति का रिश्ता सदैव गहरा रहा है। पता नहीं, और देशों में साहित्य के साथ ऐसी बात है या नहीं, पर नेपाली साहित्य अतीत से ही राजनीति के साथ-साथ अनेक मोड़ बलात् मुड़ गया है।

वैसे, नेपाली साहित्य या भाषा की प्राचीनतम रचना या रूप चौदहवीं शती का एक ताम्रपत्र माना जाता है। लेकिन मल्लकाल के अन्त के साथ ही नेपाली में साहित्य सर्जना होने लगी। इस तरह से सुवानन्द दास की पहली कविता, जिसमें पृथ्वीनारायण शाह (प्रथम नेपाल नरेश) की विजय-यात्रा इत्यादि का वर्णन है, नेपाली साहित्य की प्रथम कविता है। सुवानन्द दास तथा पृथ्वीनारायण शाह के पुरोहित शक्तिवल्लभ अर्याल दरबारी कवि थे। शक्तिवल्लभ के यशोगान का उत्तराधिकार उदयानन्द, उनके भतीजे, ने लिया। इन दरबारी कवियों के अलावा उस वक्त के कुछ कवि इस प्रकार थे : दैवज्ञ केसरी, गुमानी, इन्दिरस और वीरशाली पन्त। लेकिन, हमें नेपाली साहित्य की वास्तविक शुरुआत भानुभक्त आचार्य और उनके महाकाव्य 'नेपाली

रामायण' से माननी चाहिए, जिसे भानुभक्त आचार्य ने जेल के अन्दर लिखा था। आज भी 'नेपाली रामायण' सर्वाधिक लोकप्रिय महाकाव्य है, जो शिक्षित से अधिक अशिक्षित, निराश और आर्थिक बोझ से दबे हुए जन के लिए जीवन के प्रति आस्था जगाने में अत्यन्त समर्थ है। इस काल के दूसरे कवियों में वसन्त पाध्या, यदुनाथ पोखरेल, रघुनाथ पोखरेल, हीन व्याक़रणी विद्यापति, पतंजलि गजुरेल इत्यादि आते हैं।

इस काल को हम नेपाली मानस के निराशा-युग, पराजय-काल के रूप में ले सकते हैं। अंग्रेजों के साथ अपमानजनक सुगौली सन्धि (1816) के समय अनेक दरबारी षड्यंत्रों की बीभत्सता चरम रूप में थी। सत्ता के लिए हर कोई दूसरे की लाश पर खड़े रहने को तत्पर था। नेपाली इतिहास के लहूलुहान पन्ने इन्हीं दिनों में लिखे गए। देशभक्त प्रधानमंत्री भीमसेन थापा की पदच्युति (1837), कारावास में उनकी आत्महत्या (1839), माथवरसिंह की हत्या (1845), गगनसिंह की हत्या (1846), कोत की सामूहिक हत्या (1846) और जंगबहादुर राणा के उदय जैसी हत्यारंजित घटनाओं से उस वक्त के कवियों ने अपने को निरपेक्ष रखा और राम, कृष्ण आदि देवताओं या नायकों को अपना आदर्श बनाया। रामायण अर्थात् भानुभक्त की रामायण इसी भक्तिकाल (1853) की सर्वश्रेष्ट उपलब्धि है। यहाँ उल्लेख्य बात यह है कि भारतवर्ष के तीन सांस्कृतिक प्रदेशों में एक साथ रामकाव्य निर्मित हो रहा था : नेपाल में भानुभक्त, बंगाल में कृतिवास, मिथिला में चन्दा झा। लोकभाषा की इन तीनों रचनाओं के विषय में यह सोचना कि इस सामंजस्य का क्या अर्थ हो सकता है, अन्यथा नहीं है। शायद ब्रितानी साम्राज्य के हस्तक्षेप को रावण का अतिक्रमण मानते हों ये महाकवि और यही अहसास इन्होंने जनता को दिलाना चाहा हो!

अपने को 'श्री 3' की विशिष्ट उपाधियों से सम्मानित करनेवाले 'राणावंश' का प्रधानमंत्रित्व जंगबहादुर ने 1846 में प्राप्त किया। इस

वंश ने नेपाल को 104 वर्ष तक रौंदा। इस काल के महत्त्वपूर्ण कवि थे मोतीराम भट्ट। फारसी और अंग्रेजी के जानकार भट्ट ने अपना कार्यक्षेत्र वाराणसी को चुना, जहाँ उन्हें भारतेन्दु हरिश्चन्द्र का सान्निध्य प्राप्त हुआ। इन्होंने नेपाली साहित्य की बहुमूल्य सेवा की। यह काल प्रकाशन की दृष्टि से महत्त्वपूर्ण है। काठमांडू से 'गोरखापत्र' (1901), दार्जिलिंग से 'गोरखे खबर कागत' (1901), वाराणसी से 'सुन्दरी' (1906) और 'माधवी' (1908) इत्यादि पत्रों का प्रकाशन निःसन्देह महत्त्वपूर्ण है।

राणाओं के विरुद्ध बुद्धिजीवियों के विरोध का प्रथम विस्फोट राणा शासन के 75 वर्ष बाद (1920) कृष्णलाल लिखित 'मकै खेती' पुस्तक से हुआ, ऐसा मान सकते हैं। 'मकै खेती' में कृष्णलाल ने स्वदेशी चीजों की अपेक्षा विदेशी कुत्ते के सम्मान की बात उठाई थी। इस लेखक को 9 साल कारावास की सजा हुई थी और वे जेल में ही दिवंगत हुए।

1942 नेपाल में आन्दोलन का वर्ष रहा। इसे बड़ी हद तक भारतीय स्वाधीनता आन्दोलन का प्रभाव कहने में कोई हर्ज नहीं। इससे पहले ही 1940 में चार अमर शहीद हुए। यह राजनीति में पहली महत्त्वपूर्ण घटना थी। साहित्य में भी यह वर्ष विस्फोटक वर्ष रहा। क्रान्तिकारी कवि गोपालप्रसाद रिमाल ने अपनी कलम से क्रान्ति की आवाज को गुंजायमान किया :

मैं सिखाऊँगा,
पत्थर को भी खड़ा होना
तानाशाह के विरुद्ध!

× × ×

वह [क्रान्ति-सं.] बर्फ और आग से भी ज्यादा
स्पर्शग्राह्य होकर आएगी
वह तूफान बनके आएगी
तुम पत्ते बनकर पीछा करोगे।

सत्ता और शास्त्रीयता के विरुद्ध भयंकर युद्ध के नायक गोपालप्रसाद रिमाल प्रथम कवि हैं जिनका प्रभाव आज तक बरकरार है और आनेवाली शताब्दियों तक बरकरार रहेगा। वे आधुनिक कवियों के अग्रज हैं।

1940 में ही महाकवि लक्ष्मीप्रसाद देवकोटा भी स्वतंत्रता युद्ध में कूद गए। निर्वासित होकर उन्होंने वाराणसी से क्रान्तिकारी पत्र 'युगवाणी' का सम्पादन-भार सँभाला। रिमाल और देवकोटा दो ऐसे अद्वितीय कवि हैं, वे अब हमारे मध्य नहीं रहे, जिन्होंने नेपाल को, नेपालियों को नया जीवन दिया, नई जागृति दी।

समय से बड़ा तानाशाह कोई नहीं है। हर तानाशाह समय के आगे आखिरकार झुकता है। इसी प्रकार 1950 में नेपाल में प्रजातंत्र की स्थापना हुई।

1950-60 के दशक को हम नेपाली साहित्य के प्रकाशन का अभूतपूर्व दशक कह सकते हैं। 1960 के बाद संसद के विघटन (1961), 'निर्विकल्प, निर्दलीय, हवा-मिट्टी के अनुकूल पंचायती प्रजातंत्र' की शुरुआत को हम बिना टिप्पणी छोड़ देना चाहेंगे।

1961 के बाद के कवियों को ही इस संग्रह में प्रस्तुत किया गया है—अपवाद के रूप में सर्वश्री गोपालप्रसाद रिमाल, लक्ष्मीप्रसाद देवकोटा और मोहन कोइराला हैं।

संग्रह के कवियों में हमने दुरूहतावादी और 'कला कला के लिए' माननेवाले और अपने को प्रगतिशील कहनेवाले किसी वाद के समर्थक कवियों को शामिल नहीं किया है। वैसे, यह दशक दुरूह कविता का दशक रहा। 'परस्पर प्रशंसा' का युग।

लेकिन अब 1968 के बाद दुरूहतावादी कविता का बोलबाला समाप्त हो रहा है। दुरूहतावादी या तो अब कविता नहीं लिख रहे हैं या फिर सार्थक और ग्राह्य लिख रहे हैं।

1968 के बाद जो पीढ़ी उभर रही है, वह साहित्य को आदमी की व्यथा, वेदना, विसंगति, कटुता और जीवन के घिनौने यथार्थ को

प्रकट करने का माध्यम स्वीकारती है और उसे आम आदमी तक ले जाना चाहती है। ऐसे सभी कवियों को इस संग्रह में ससम्मान सम्मिलित किया गया है जो सौ साल बाद के पाठक के लिए नहीं लिखते और यह विश्वास करते हैं कि सौ साल बाद के पाठकों के लिए सौ साल बाद भी साहित्य लिखा जाएगा।

'सर्वश्रेष्ठ' या 'पूर्ण' प्रतिनिधित्व का हम दावा नहीं करते—इस संग्रह के बारे में। कुछ नाम हटाए जा सकते थे, वैसे कुछ जोड़े भी जा सकते थे। किसी का भी अन्त नहीं होता—विवाद का भी नहीं। फिर भी इतना तो कहा ही जा सकता है कि यहाँ प्रस्तुत साहित्यकार नेपाली साहित्य की प्रतिमा-निर्माण में अविस्मरणीय हैं।

काठमांडू, नेपाल
7/137, बत्तीस पुतली

—किशोर नेपाल
—जगदीश घिमिरे

ईश्वरवल्लभ

★

आयतन में जीवन का एक टुकड़ा

1

आकाश के गुम्बजों में आँखों के सितारे
कितनी काँच की छायाओं में प्रतिबिम्बित चेहरे
ये ख़त्म हुए श्वासों के अपने
मेरा स्वप्न—स्वप्न में बन्द है,
सत्य को कमरे के एक वृत्त में
तालाबन्द कर चुका हूँ फिर भी
बहुत सारे पदचिह्नों की धरती पर चल चुका हूँ।

2

मेरी मांसलता की गन्ध में
आकांक्षाओं की सुवास भी है

चल रहे हैं चेहरे, चेहरे में
जैसे सड़क पर आयतन, गहरा अँधेरा और विस्तृत सोते हैं
मेरी बन्द खाली नींद में—
आजकल ज्यादा बातें रहती हैं
मैं सोच रहा होता हूँ
समुद्र की गहराई में बैठकर
मैं हिपोपोटामस—
मैं खोया रहता हूँ,
गहरे रंगों की छाजन में घुसकर—
मैं अभिव्यक्ति—
मुझे तुम्हारी हर आँख खाती है,
तथापि कल समाप्त हुआ (आदमी) मैं
कल जहाँ ठहरा था
उसी जगह आज
फिर ऊँचा होकर खड़ा हो जाऊँ।

3

भले सागर पानी से न भिगो सके
पत्थर-देवताओं के चेहरे—
हर जगह वही चेहरे, एक अँजुरी जल में उलझे हैं,
इन आशाकुल देवताओं के
बहुत-से सफों को फाड़कर,
समय ने एक और इतिहास लिखा है
मेरा पत्थर-सा अचल देवता
कहानी हो चुका है
मैं भी अभी हाल ही में इतिहास हो चुका हूँ !

उपेन्द्र श्रेष्ठ

★

डेट एक्सपायर टिप्पणी

हाँ, मैं एक आश्रयहीन आदमी
अणुबम द्वारा खंडित अवशेष
वासहीन मैं एक पंछी
निवास के लिए चल रहा हूँ, और,
ढो रहा हूँ शताब्दियाँ, आँखों में सूर्य
हँसा हूँ उजाले के एक टुकड़े में अमूर्त बनकर।

आह! मैं कितना स्वतंत्र हूँ अकेले जीवन में
आह! मैं कितना सुन्दर हूँ अकेले अपने में
आह! कितनी संकीर्ण परिधिवाला संसार है मेरे अन्दर
आह! कितनी अकेली मेरे अन्दर की रिक्तता और निर्वासन

हाँ, परतंत्रता में बढ़ना भी है एक अपराध
दूसरे की इच्छा में 'पशु' की तरह जीवित रहना

हर क्षण जागना होता है खुद में
हर क्षण अन्त होता है जागने का अपने में ही
अपने में ही ढो रहा हूँ दार्चुला*
अपने में ही ढो रहा हूँ प्रशान्त ज्वार-भाटा
अपने में ही ढो रहा हूँ पशुत्व के साथ विद्रोह
अपने में ही ढो रहा हूँ बोधिसत्त्व

आत्मसमर्पण नहीं करता हूँ मैं अपने दोस्त के आगे
आत्मसमर्पण नहीं करता हूँ मैं अपनी मृत्यु के आगे

वहीं बिखेर दी है मैंने स्याही केवल कागज में
लिख दी है मैंने अनुभूति केवल अक्षरों में
वहाँ भी अभिव्यक्त न हो सका मेरा जीवन सम्पूर्ण
एक पाप-स्वीकार में...
मसौदा बनाया है मैंने खुद को घोषणा-पत्र में
फैसला किया है मैंने अपना ही
मात्र मैं एक मसौदा काग़ज़ पर
...डेट एक्सपायर टिप्पणी जैसा हूँ—
चुकता नहीं कर सका मैं अपने से अपने को

विरोध नहीं है मेरा तुम्हारे गर्भपात से
केवल विरोध है मेरा लहूलुहान हथेली से
विरोध है मेरा खून से अपवित्र इतिहास से।

---
* नेपाल के एक जिले का नाम।

आओ, भर दें नंगे पर्वतों की माँग में सिन्दूर
आओ, लहरों जैसा फैलें हम शुष्क चट्टान में
जीवन के लिए
आओ कैनवास के लिए मॉडल बनें हम
फुटपाथ पर खड़े होकर
कुछ देर सोचें प्रेम-पत्र लिखने के लिए
कैसे प्रारम्भ करें हम प्रेम-पत्र को
कैसे अन्त करें हम प्रेम-पत्र का!

कालीप्रसाद रिजाल

★

अपने ही बेटे को देखकर

प्रणय का गड्ढा उठा विक्षिप्त होकर
इच्छाएँ जाग्रत् हुईं दरिद्रता में विकराल बनकर
सकपकाने लगे कीड़े
मकड़ी की निस्सार काया में
खाली जाले का उत्तराधिकारी
मरने के लिए पिचकते हुए
एक बच्चा पहली बार रोया पछाड़ खाकर
और रोता रहा...रोता रहा...रोता रहा...
कितना विवश और लाचार है बेटा मेरा
कितना असहाय, निराधार है बेचारा
कि उसे मेरा भेजा चाटना पड़ेगा
और अपनी माँ का रक्त पीना पड़ेगा

कंकाल पसलियों को लेकर
दुर्बल गर्दन खड़ी करके, दुर्बल हाथ और पीले दाँत दिखाकर
गड्ढे में धँसी आँखें और नीले ओंठ दिखाकर
मेरा बेटा—दुर्गन्ध-चिथड़ा—बढ़ रहा है
फरियाद-सा, किसी पनपते हुए पाप-सा और,
मैं देख रहा हूँ अपना ही अपराध
लाचार अभियुक्त बनकर

बाप तो बेटे को घर देता है, खेत-खलिहान
बगीचे की जुगाड़ कर देता है,
रुपए-पैसे, सोना-चाँदी जमा कर देता है
आसामी और आमदनी छोड़ जाता है

एक आधारपूर्ण वर्तमान देता है
सम्भावनापूर्ण भविष्य देता है

मैंने भी अगाध प्रेम दिया बेटे को
कि अकेले में गला दबा न दिया उसका
मुझ गरीब ने भी बेटे को स्नेह दिया अगाध
कि जनमते ही नाल समेत फेंका नहीं उसे ठंडी रेत में
साहूकार जमा कर दिये हैं बहुत-से मैंने उसे चूसने के लिए
दासत्व उकेर दिये हैं मैंने उसके लिए
भूखी, नंगी और रोती हुई
घिसटती जिन्दगी लाद दी है मैंने उस पर
न इल्म जानता है मेरा बेटा
न पढ़ा-लिखा है मेरा बेटा
अकेला और अनाथ है मेरा बेटा

न चापलूसी जानता है मेरा बेटा
अपने हिस्से में पाई उसने

दरिद्रता, बेइज्जती और ग्लानि
अपमान, अवहेलना सहनी पड़ेगी मेरे बेटे को
खुद को शाप देना, कोसना और थूकना पड़ेगा खुद पर
सदा दीन-हीन समझेगा वह अपने को
वस्तुत: मेरा ही संस्करण है मेरा बेटा
मेरी ही हठ और ज़िद है मेरा बेटा
अपनी अतृप्त इच्छा, आशा और सपनों को लेकर
मैं ही बार-बार आ रहा हूँ मात्र नाम बदलकर
अपनी हँसी, खुशी और सन्तोष खोजने के लिए
बदलता हुआ बार-बार आ रहा हूँ मैं ही
पर अन्तर में करकती है यह स्मृति—
मेरा बेटा भी छटपटाते हुए मर जाएगा मेरी जैसी
अतृप्ति, निराशा और असफलताएँ ढोकर
भूख, प्यास और आकांक्षाओं को लेकर

सुनो, सुनो, मेरा बेटा क्रान्ति न कर सकेगा
सुनो, सुनो, मेरा बेटा विद्रोह न कर सकेगा
मेरा बेटा भूखा है भूखा
मेरा गरीब बेटा कुछ न कर सकेगा

मरेगा—मानो कि वह जनमा ही न था
बड़े आदमियों की औकात नहीं है उसमें
न योग्यता है,
झूठी सम्भावनाओं का प्रमाण है मेरा बेटा
झूठी आशाओं का उदाहरण भी
वह नहीं जानता है अपराध करना भी
सरकारी राशन से भी वंचित है बेचारा

बेईमानों के साथ बेईमानी करने का
ढंग भी नहीं है उसमें
मेरा गूँगा, सीधा, 'गऊ' बेटा
प्रमाण जुटाकर बयान देना भी नहीं जानता है
मेरा बेटा, मार खाएगा सचाई के साथ
और समाप्त होगा ईमानदारी के साथ

वह मेरा बेटा है
जो खुद गोली खाकर नेता बनाता है दूसरों को
जो बोझ ढो-ढोकर
सगरमाथा चोटी का विजेता बनाता है दूसरों को
वह मेरा ही बेटा है
जिसके खून से दूसरे का नाम लिखा जाता है
जिसका पसीना दूसरे के काम का साक्ष्य बनता है
जो न लिखी गई कविताएँ और भावनाएँ हैं
मेरे ही बेटे की हैं
न दिखे गए आविष्कार और विचार भी
राख बना चुका हूँ मैं
अपने बेटे की प्रतिभा और चमत्कारिता,
असम्भव बना चुका हूँ मैं
अपने बेटे की सम्पूर्ण सम्भावनाएँ,
वे चेहरे इतिहास में अमुद्रित
मेरे ही बेटे के हैं

मैं खड़ा हूँ यह बकने के लिए—
कि पृथ्वी का भार है मेरा बेटा
जो विकास और योजनाओं को उलझा रहा है
जो हड्डी घिसकर पसीना बहा रहा है

आधे पेट खा रहा है और समस्याएँ बढ़ा रहा है
बुद्धिमानी तो इसको गर्भ में ही मारने में थी
इसकी भ्रूणहत्या ही कानूनी ठहरती
जीवन में प्रवेशपत्रहीन मेरा बेटा
जीवन-भर सहमते हुए जिन्दा रहेगा
ओह! कितनी उपेक्षित इच्छाएँ और क्रन्दन लिये
निरन्तर झुँझलाता जिन्दा रहेगा!

कृष्णभक्त श्रेष्ठ

★

अपने को कफन में लपेटकर

शोक मनाने के लिए अस्वीकार करता हूँ
मैं अपना ही
(व्यवसायी होकर भी)
दाग देने से अस्वीकार करता हूँ
आदमी-आदमी फाड़कर देख चुका हूँ मैं
खुद फटकर देख चुका हूँ मैं
आम की गुठली के अन्दर योगासन में कीड़ा मर गया
यह प्रसव-वेदना झूठी है
अभी भी जन्म न ले सका आदमी
हाँ, आदमी नहीं जन्म ले सका
        कथित पिता ने मात्र मुंडन किया चौकोर
        मुझे माँ के गर्भ में

यहाँ मैं इसीलिए
स्वजन द्वारा साना हुआ दही-चूड़ा खाता हूँ
और अपने ही को
साँड़ से लड़नेवाले के भैंसे-सा खदेड़ते हुए चलता हूँ
पछतावा नहीं किया है मैंने विक्षिप्त होकर
न्याय नहीं माँगा है मैंने
लाश उठाने से पहले
रोती हुई बूढ़ी माँ के चिथड़े फेंकने की जगह
लाश के
खंडित अवशेष न फेंक पाकर
पीठ में
सिसिफ़स-सा कुछ ढोते हुए
—यह बोझ—
उतारना नहीं खोजा है मैंने,
जन्म से पहले ही निश्चित थी मेरी मौत
यह एक जोंक की मौत—
खुद ही गाँठ बनकर
अन्यथा मुझे बलात् ही आत्महत्या करनी पड़ती

न किए गए अपराध के लिए
यह अपराध इसीलिए
मैं अर्थहीन जीवित हूँ
व्यर्थ जीवित हूँ,
मात्र जीवित हूँ
खुद को ही कफन की तरह ओढ़कर।

किशोर नेपाल

★

भागता हुआ

रात-रात भर—
स्वप्न में, सर्प खदेड़ते हैं, न जाग्रत् में ही
मैं श्वास ले सकता हूँ, कभी भी।
खदेड़ती हैं मेधाएँ मुझे,
ज्ञान और आदमी भी,
खदेड़ते हैं नेता, कुत्ते और मालिक भी,
विवेक से भागते हुए, पसीना-पसीना होकर उसमें डूबकर
भी, मुझे चैन नहीं है, मैं आम आदमी—
खदेड़ता है दर्शन भी—
मध्यवर्ग, उच्चवर्ग खदेड़ते हैं मुझे
और बहुत ही उच्चवर्ग भी,

धर्म भी खदेड़ता है, पाप भी
रात-रात भर
नींद में अजगर खदेड़ते हैं
अनिद्रा में खटमल खदेड़ते हैं।
जैसे कि—मैं घाठ हूँ
लेकिन नहीं है पानी की बूँद कहीं भी
जैसे कि—मैं नदी से बनी हुई रेत हूँ।
न तो काम में चैन है मुझे, सुख भी नहीं है
न कामों की सूची में
देश ने दिया है कठोर निर्वासन, भोग रहा हूँ,
विस्थापित हूँ जीवन से—निराधार
न स्वीकृति छोड़ती है मुझे, न क्षमा करती है।
इतिहास के पाखंडी पापों का
प्रायश्चित्त करता हूँ, मुक्ति के लिए।
पर मुक्ति भी खदेड़ती है मुझे, खदेड़ती है
बेचने के लिए अपने ही रक्त के
बदले लाया गया राशन भी खदेड़ता है मुझे,
मिट्टी का तेल जलता है मेरे शरीर में, राशन का मिट्टी का तेल,
शासन भी क्रोधित होता है
        ईर्ष्या करता है मुझसे
न पराजय स्वीकारती है मुझे, न विजय।
इतिहास और हत्या की पराजय मुझे नहीं छोड़ती हैं
क्यों जकड़ते हैं मुझे
न मित्र हूँ, न दुश्मन मैं उन कालों का
मैं आम और साधारण आदमी।
        जिसके जिन्दा होने का अहसास मन्द स्पन्दन ही है।

न खतरा है किसी के लिए, होगा भी तो
पेट खाली है,
न रक्त है, बल, वीर्य और शौर्य भी नहीं है—
हड्डियों में टँगे हुए
—चमड़े की आकृति
मैं आदमी हूँ, साधारण आदमी।
लगता है मैं मजूरी में कमान हुआ मजदूर हूँ, या
स्टार्मीपेटल[1] हूँ
स्मृतियाँ खदेड़ती हैं
न विस्मृति में जिन्दा रह सकता हूँ!
मकबरों के खदेड़ने पर
जब पहुँचता हूँ जीवन के नज़दीक,
आदर्श और नीति दुत्कारते हैं मुझे
आवाजें बहरा कर देती हैं मुझे
प्रदूषण सताते हैं मुझे—
खसोटते हैं भूख के भयंकर स्वरूप
जो जीवित रूप में केवल डरौना बनने को बाध्य है।
साधारण आदमी, अत्यन्त साधारण
मैं सड़क द्वारा खदेड़ा गया सड़क का आदमी
मैं फुटपाथ द्वारा खदेड़ा हुआ फुटपाथ का आदमी
जो इच्छाओं की जेल में भी बन्द है
कुरूप पर्वतों से घिरी देश नामक जेल में भी कैद है

---

1. समुद्री चिड़िया

और बाध्य है, जीवन भोगने के लिए न्हेनुमा[1]
चाटकर, आँगन में, कुत्ता-सा।
जो बाध्य है देखने के लिए काईयुक्त माछापुच्छ्रे[2]
और सगरमाथा का कथित सौन्दर्य,
खदेड़ा जाता है हर समय, हर बार जंगलों से, खेतों से।
जिससे बलात्कार करती हैं सम्भ्रान्त महिलाएँ आँखों से
हृदय से मानकर नौकर
उनसे भी गुजरना बाध्यता है, जीवन भागने के लिए बाध्य
जो न विवेक है न बुद्धि।
हर दिन कुत्ता-सा मरकर कुत्ता-सा ही पैदा होता हूँ मैं।
एक साधारण मृत्यु और साधारण आदमी
जो हर वर्तमान में कैद है
निर्वासित और विस्थापित।
जिसे सोते-जागते खदेड़ते हैं साँप,
जीवन-भर।

1. नेवारी प्रचलन में किसी की मृत्यु के सातवें दिन मृतक की स्मृति में सड़क पर फेंका गया चावल-दाल आदि,
2. हिमालय

कुन्दन शर्मा

★

दंड

मैं अभिशप्त होकर जीवित हूँ
खुद को शूली पर चढ़ाने के लिए।
क्या पता, किस दिन
मृत्युदंड निर्णीत होगा यहाँ,
या यह जन्मकैद है
चारदीवारों के अन्दर की।
मैं हिरासत में खड़ा हूँ
दोष का लम्बा इतिहास ढोता हुआ।
मैंने जीवन को रक्त और मांसपिंड में बढ़ाया था
क्या पता था कि गुजरा हुआ हर क्षण
मेरे ही विरोध में गवाही देगा
प्रायश्चित्त करने से पहले

मुझे अलग करने दो
अपने उतने अंग से जो पाप में सराबोर हैं।
या चाहते हो कि मैं बक दूँ
यंत्रणा के आखिरी बिन्दु पर पहुँचकर?
यह अनूठा देश
जहाँ मैं निर्वासित जीवन जी रहा हूँ
जहाँ गिनते-गिनते, क्षण
रात और सुबह में बँट जाता है
और एक दिन से ठगा जाता हूँ मैं
दूसरा दिन पहाड़ बनकर खड़ा होता है।
हर दिन अपने मन में
मैं नया शहर बसाता हूँ
हर बार फिर भूकम्प होता है।
जीना और मरना दोनों ही सजा है यहाँ
जीते हुए रक्त में
विष-बूँद टपकती रही।
मरने के बाद कोई एक विश्वास
किसी लाश में सड़ता है।

फिर भी हर कम्प में हृदय के,
सपना खिल गया है
और घृणा की पराकाष्ठा में भी
कहीं-कहीं प्रेम बटोरा है मैंने
मुझे कल ने धोखा दिया
आज कँटीले तार-सा
मुझे घेरता है चारों ओर से
हर चेहरे में मैं कल ढूँढ़ता हूँ,

सभी हाथों ने कील ठोंकी हैं मुझमें
क्या दूसरे लोग भी मेरी तरह ही
अपना ही तमाशा दिखाने के लिए
किसी दंड की प्रतीक्षा कर रहे हैं?

स्व. गोपालप्रसाद रिमाल

★

प्रेमकथा

प्रेम और क्रान्ति एक हैं मेरे लिए
संक्रान्ति हर महीना होता ही है
मुझे तो क्रान्ति के साथ खेलने की आदत है
इसीलिए क्रान्ति को स्वीकारनी है मेरी शीतल छाया।
मैं इसीलिए युगल हूँ, रहूँगा
क्रान्ति को मुझे नमस्कार करना बाकी है अभी
मैं तो क्रान्ति को सलामी दे चुका हूँ
क्रान्ति को मर्द बनकर वापस सलामी देना बाकी है अभी,
मैं उसी का प्यासा हूँ, प्रेमी हूँ
क्रान्ति को मुझसे प्रेम करना बाकी है अभी।
मैं भूखा हूँ क्रान्ति का
क्रान्ति को मेरी दो वक्त की रोटी जुटानी बाकी है अभी।

जगदीश घिमिरे

★

कहीं कुछ भी नहीं है

कोई जंगल नहीं है धूनी रमाने के लिए/न वेश्यागृह हैं रात बिताने के लिए/
बन्दूक नहीं हैं शिकार करने के लिए/गति नहीं, संचार नहीं, कम्पन नहीं।

हृदय की वंशी में झंकार नहीं है।

•

बाजा नहीं है तन इसीलिए थोड़ा मोटा हुआ है बेड़ी जैसा।
पत्थर खड़े हुए, पर घर न होकर घेरे हुए हैं जेल-जैसे।

रास्ता भूल गए हैं, उतार-चढ़ाव कुछ न होकर
नीरस और समथर रेत-ही-रेत रेती में
मरुभूमि की तप्त कड़ाही में भूना जानेवाला

राजनीतिक बन्दी/पानी नहीं है/
जीवन नहीं है/धर्म नहीं है/अन्धविश्वास
भी नहीं है प्रतिमा पूजने के लिए।
लेखन, नौकरी, पासपोर्ट और वीसा नहीं है,
कहीं कुछ नहीं।

दारू नहीं है उन्माद के लिए/न टाई है
आत्महत्या के लिए/प्रदर्शन के लिए,
पत्रकार, साहित्यकार बनने में मुनाफ़ा कम है,
कोई युवती नहीं है—अनपढ़ और आदिवासी
बलात्कार के लिए/
कहीं कुछ भी नहीं है।

आत्मदाह नहीं है/दास्तोएवस्की भी,
आह! क्यों है यह दिमाग, आदमी की खोपड़ी में?
लहर गिनकर रिश्वत लेना था/अर्थात्
थोड़ा-सा सरकारी कंट्रोल का सुनौला खाद।
नेता होना था, चमचा बनकर, थर्मस ढोकर।
लेकिन कुछ न हुआ, न कहीं कुछ है।

आधा जीवन हार चुका हूँ जुए में/मुझे पता
ही न था/नपुंसक युधिष्ठिर-सा हो गया मैं,
द्रौपदी को जिसने दाँव पर रखा।
पर देर हो चुकी है/घेराबन्दी में होता हूँ
सचेतन में शत्रु की संगीन खदेड़ती है,
मैं भागता हूँ।

मेरी जाति किला बनानेवाली न होकर
ढहानेवाली हुई है/पर सामर्थ्य नहीं है
ढहाने के लिए/कोई किला और दीवार नहीं
है प्रतीक्षा के लिए/खाई नहीं है छिपने के लिए
विश्राम करने की जगह नहीं है/नहीं है
पानी पीने के लिए।

हाइड्रोफोबिया-ग्रस्त कुत्ते-सा भागता रहता हूँ
संगीनें खदेड़ती हैं।
स्वप्न और जाग्रत्-सा/एक ही बात है
जीवन भय से ग्रस्त के लिए आज
जीवन गुज़ारने के लिए/कहीं कुछ नहीं है।

तोया गुरुंग

★

हमारे बीच

कल-परसों की बात है—हमारे बीच
एक पिल्ले की दुर्घटना
सड़क के मध्य जम गया था लहू
जिसे देखकर हम थूकते हुए
इधर-उधर कतरा रहे थे।
विवाहित बहनों के सम्बन्ध-विच्छेद के बाद
हम बाध्य हुए हैं दूसरे से, प्रेम-विवाह के लिए,
हम खसोटते हैं छोटे-बड़े गहने प्रत्येक शरीर से
अस्तित्व की बलि देनेवाले
अपने पुरखाओं की चाह को भूल रहे हैं

मान लें कि सड़क किनारे पड़े असहाय बच्चे का
गला दबाकर, अकाल को भगा रहे हैं
महँगाई और सन्निपात के बीच
अँधेरे में प्रविष्ट हो रहे हैं
तहखानों में खिली हुई हमारी जिज्ञासाएँ
रणक्षेत्र में अभ्युदय हमारा
अस्थिर संकीर्णता में घुल-मिलकर
हम वर्तमान को निचोड़ रहे हैं
सेवा न कर सकनेवाले हम ही
अपने बाप और भाई-बहनों को, आस-पड़ोस के बीच
पीढ़ी-दर-पीढ़ी जन्म लेते हुए
प्रविष्ट होना सिखा रहे हैं
मिनीवाद में/हम अस्पष्ट,
छत की कड़ी की तरह चिरना
सिखा रहे हैं,
दीर्घकालीन।

दमन ढुंगाना

★

यह सीनों[1] की बस्ती है

थोड़ा घर-परिवार के लिए
थोड़ा ऑफिस-सरकार के लिए
कैसे हम अपने को विभक्त कर रहे हैं
कैसे हम अपने को छिन्न-भिन्न कर रहे हैं
कहाँ है हमारी सम्पूर्णता?
कहाँ है हमारी स्वायत्तता?
कहाँ है अपनत्व?
कहाँ है हमारी स्वतंत्रता?
कैसे हम स्थिति के प्यादे हो रहे हैं
कैसे हम विकृति की चोटी हो रहे हैं
फिर भी हम गरजे हैं, चिल्लाए हैं।

---

1. मरे हुए जानवर

यह कि—
'हम आदमी हैं, हम आदमी हैं!'
मुक्ति तो दूर की बात है—
क्या हमें कभी दासत्वबोध भी हुआ?
बहुत हुआ—हमारे अन्दर का आदमी मर चुका है—
हम कैसे मरे हुए जानवर होकर चल रहे हैं?
यह झीने सपनों की बस्ती है
यह मरे हुए जानवरों की बस्ती है
आदमी की ही शक्ल-सूरत के, आदमी की ही नकल करनेवाले
यह घृणास्पदों की बस्ती है
यह सीनों की बस्ती है
यह मात्र सीनों की बस्ती
भगटे के छिलकों की बस्ती
टूटे हुए मिट्टी के बर्तनों की बस्ती
रंग-रंग के नकाबों की बस्ती
यह सिर्फ़ मरे हुए जानवरों की बस्ती है।

नगेन्द्र थापा

★

गुफ़ा गर्जना

अपोलो पर चढ़ के थका-माँदा आता है मेरा पुत्र
जन्म देनेवालों से पराजित होकर
आता है मेरा बहादुर-सा बेटा
माँ की ममतामयी गोद में खेलने।

आओ, समयानुकूल है तुम्हारा प्रत्यागमन।
प्रतिकूलता आ चुकी है पदचिह्नों और उस धूल में
जिसमें तुम खड़े रहे हो
दो आँखें एक ही बार हत्या और आत्महत्या करती हैं।
एक उद्धत दिमाग आगे बढ़ता है बेटी को पुचकारने
हाथ स्वत: बलात्कार करने पहुँचते हैं।

हृदय को दिख सकने योग्य बनाकर देखो केवल
रेती में फेंका हुआ
एक पत्थर दूसरे को पहचानता नहीं,
एक ही घर की ईंटें
सटी हुई होकर भी एक-दूसरे से
एक-दूसरे को छूतीं नहीं
धुएँ की सियाही है जगह-जगह
धोबी के संशय व्याप्त हैं उनमें
मुड़कर देखो एक बार पीछे की ओर
खोजो इधर-उधर
कहीं तुम लोगों की धरोहर छूट गई है क्या?
टटोलो गुम्बज के इस अँधेरे कोने में
तुम लोगों का कुछ खोया है क्या?
कबूतर की दृष्टि से स्पर्श करो
इस नुकीली चिपटी चट्टान छाती में ही
तुम लोगों के प्रारब्ध तो नहीं उलझे?

तुम लोगों की नंगी और पुरानी तस्वीर
हाथ फैला रही है
सड़ा दिमाग़, विश्रान्ति के लिए
रोम-रोम में अटकी हुई कालिख
विकृत ध्वनि में बन्द तुम लोगों का बचना

आओ, पेड़ों के छिलके समेटकर आग जलाओ
और कथा कहो, 'किसी एक देश में गुम्बज था...'
—कहते हैं...
...फिर घूमते-घूमते
हम वहीं पहुँच गए।

पारिजात

★

जीवन—लावारिस मृत्यु मुचलका

आओ, आओ स्वागत करता हूँ
मुझमें सर्वांग पिघलना चाहनेवाले असफलताओं के प्रतीक
बटलोई से माँड़ में गिरे हुए उफान
एक वृत्त भी जिन्हें न मिला, निस्सार आत्माएँ
बाध्यता है जीवन—बाध्यता।
वसन्त में जिन्हें गूँथ न सके जाड़े के वे अन्तिम सिलसिले
हर घूँट के बाद शिथिल हो रही सलिंच[1] रिक्तताएँ
मुझमें आओ समाविष्ट होने
मैं भी एक बाध्यता हूँ केवल,
किसी सम्पूर्ण परिच्छेद में नहीं हूँ मैं

---

1. एक प्रकार का पेय, जो शिथिल करता है।

किसी सम्पूर्ण व्याख्यान में नहीं हूँ
न ही सम्पूर्ण कहानी में हूँ
प्रत्येक मूल रास्ते के शिलान्यास होने से पहले की
कच्ची ईंटों के मकान-सा
ढह गया हूँ प्रत्येक प्रगति के मोड़ पर
आओ, मेरे ऊपर थोप दो या ढह जाओ
भग्नावशेषों और वज्राघात हुए पेड़ो,
मुझे मरना नहीं है

अपर्याप्त एक लाश को भी—दूह के लिए
मिट्टी के लिए नहीं मरना है मुझे
किधर भटकी है तुम लोगों की आस्था?
सत्य पत्थर में खुदी हुई मूर्ति की आसक्ति-सा है
हाँ, वैसा ही है,
मेरे साथ ही मर जाओ मियादहीन अस्तित्व
मन्दिर के साथ ही चिथड़े हुए विश्वास
विश्वास के साथ ही खंडित हुए अशक्त देवता
आओ, स्वागत करता हूँ, आओ,
अन्धकार का पल्ला खोलकर
लावारिस मृत्यु मुचलके-सा बेवारिस है जीवन
सन्तोष है, आदमी कम-से-कम मुर्दे नहीं खाता है
यहाँ कोई नहीं देखेगा मकबरा खोदकर।

पुरुषोत्तम बस्नेत

★

तुम मुझे खून दो*

अन्तत: वह हिंसक जानवर निकल ही भागा
मध्य रात में पिंजरे से
फिर वह रात-भर
जो भी मिला उस पर झपटा
जलते हुए दीप पर भी
बहती हुई नदी पर भी...
खून के नशे की खुमारी में
वह खुद पर भी झपटा
अपने अंग-प्रत्यंग पर भी...

---

* बांग्लादेश मुक्ति-युद्ध को समर्पित

यह आदमी की बस्ती—आग लगने से निकला हुआ धुआँ
आकाश से राख झड़ रही है
एक मूसलाधार खून की नदी के अविरल प्रवाहित होते हुए भी
आग जल रही है रक्त की धार से

यह हत्या का नाटक
वह दूर खड़ी हुई एक आकृति—

शायद वह बेच रहा है आदमी का मांस
पूरा लटकाया हुआ आदमी
उसके थोड़े-से हाथ काटकर
थोड़े-से पाँव, थोड़ी-सी आँखें, नाक, मुँह, काटकर...
आज इतिहास के पृष्ठ में वह अकेले चिल्ला रहा है
एक पागल आवाज...
साढ़े सात करोड़ आदमी—मात्र कुछ गोली, बारूद और बम
साढ़े सात करोड़ आदमी—मात्र कुछ कब्र, कंकाल और मृत्यु
लाखों शिशु, बूढ़े और स्त्रियाँ
ऐसे ही मर चुके हैं और
कोई एक स्वर प्रतिध्वनित होता रहता है हर बार
हिमालय से, समुद्र से, मरुभूमि, जंगल, पहाड़ और
झरनों से एक ही बार

फिर वह मांस चबाना छोड़कर
नरकंकाल की ओर झपटता है
शून्य की ओर—उस स्वर की ओर तलवार चलाता रहता है
लेकिन जब तलवार कहीं भी टिकने की जगह न पाकर

कहीं भी काटने की जगह न पाकर
उसके ही शरीर में चोट करना शुरू करती है
उस वक्त वह अपने ही घाव को टोकता होता है
तलवार और जोर से भोंकता रहता है
ऐसे ही...

हर तानाशाह—फ़क़त एक शून्य,
एक डनक्विग्जॉट, कुछ क्रूर हँसी, कुछ पागलपन,
जिसका महल हर बार बनने के पहले गिर रहा होता है
फिर एक जंग लगी हुई तलवार
जो अपने पर ही प्रहार कर, अपने ही से निर्मित घाव
बस्ती-भर फैला महामारी-सा अन्धकार
टटोलता हुआ केवल अकेले अपने को!

तलवे के नीचे की भूमि से
लगातार निकल रहा लावा कर रहा है रक्त-वमन
वह हिंस्र पशु ढँकता जा रहा है रक्त-बाढ़ में
वही रक्तरंजित हाथों से ढोया हुआ झंडा यू.एन.ओ.
लाखों आदमियों को लाश में बदलकर न्यूयॉर्क
खड़े हो रहे हैं मुर्दों के आँसुओं की बूँद-बूँद से निर्मित महासागर में
लड़ाई फैल रही है
छोटे-छोटे गाँवों से शहर की ओर
शहर से गाँव की ओर
यह स्वतंत्रता-संग्राम है आदमी का
'तुम मुझे खून दो, मैं तुम्हें आज़ादी दूँगा'

स्वतंत्रता नजदीक ही आ रही है तुम्हारे
रक्त-धार में तैरते हुए
स्वतंत्रता तुम्हारे साथ ही आ रही है
तुम्हारी हथेली की संजीवनी में पुनर्जाग्रत् होकर
देखो तो अंकुरित हो रही है स्वतंत्रता
जहाँ तुमने सींचा था उसे
कितनी-कितनी ममता से
तुम्हारे रक्त में तिलमिला रही है आज
सुपरसोनिक रास्ता न पाकर, इसीलिए
सीमा पार हो रहे ओ बूढ़े शरणार्थी,
तुम हाड़ और मांस ले जाओ फ़क़त,
एक-एक रक्त-बूँद तक छोड़ दो देश के लिए
संगीन पर चढ़ने से पहले
अनजान शिशु तुम भी
जितना रक्त है देह में तुम्हारी
समर्पित कर दो देश के लिए
यह गोली और तोप के खिलाफ रक्त की लड़ाई है
एक तानाशाह के विरुद्ध समस्त मानवता की लड़ाई
इसीलिए हम मानव-खून अर्पित कर रहे हैं सगर्व
वीर मुक्तिवाहिनी को!

हमारी तमाम शुभेच्छा, शुभकामना और सद्भाव स्वीकारो
रक्ताक्षर में भेज रहे हैं हम
रक्त लिफाफे में लिखकर
लाखों संकल्प हम भेज रहे हैं
स्वतंत्रता, सप्रेम हृद्-स्पन्दन

जो मृत्यु के बाद भी
मानवता की उन्मुक्त पदचाप में खिलते हैं
हर बार मानवता जीती है
सूखे रक्त सनी तलवार में अंकुरित होकर भी।
अधिनायकवाद—एक परिकथा
मुझे पता है, जो पस्त हो जाती है...
रक्त की कुछ बूँदों से।
'तुम मुझे खून दो...'
मैं देता हूँ अपने हाथों और आँखों का रक्त
सप्रेम!
तुमको, तुम्हारे देश को!

वासु शशी

★

दीवार खड़ी करने से बहुत-सी चीजें बाहर रह जाती हैं

दीवार खड़ी करने से बहुत-सी चीजें बाहर रह जाती हैं
यद्यपि यह ठीक है कि
दीवार अच्छी भी बन सकती है/उस पर लताएँ चढ़ सकती हैं
यद्यपि यह ठीक है कि
दीवार के अन्दर का सब कुछ अपना होता है
सुरक्षित रहता है
दीवार शायद अत्यावश्यक है
जैसे कि देवता है वह
लेकिन दीवार सिर्फ दीवार है
वह आकाश नहीं छू सकती

और, अन्दर आनेवाले तो उसे उलाँघते भी हैं
और, दीवार ढह भी सकती है।
पर आजकल शहर की सड़कें बच्चों के लिए नहीं होतीं
और आजकल आदमी को, आदमी से ही अपने को अलग करना पड़ता है

दीवार के सम्बन्ध में जितना भी खेद प्रकट करूँ...
मैं खड़ा करता हूँ उसे
(दीवार शायद सबसे अप्रिय आवश्यकता है)
शायद इस जमाने में हम दीवार की जरूरत मिटाने के लिए
दीवार खड़ी करते हैं
हम दीवार के विरुद्ध दीवार खड़ी करते हैं
(लेकिन) खड़ी करते हैं, खड़ी करते हैं
यद्यपि दीवार खड़ी करने के बाद बहुत कम अन्दर रह पाता है
(लेकिन सब चीज, सबसे ज्यादा आवश्यक युग भी अन्दर नहीं रह पाता)
दीवार, पुरुष-जैसी दीवार,
सिर पटकने के लिए भी ठीक दीवार।

वाणिरा गिरि

★

सुबह को जन्म देने की तत्परता में

उतरता है एक साया
सुबह के लिए संसार-भर पर
पर्वतों के ढूह
मैदानों की पदचाप
समुद्र की हथेली-भर
साया—एक अस्तित्व का
साया—एक गुच्छा धान की बाली का
साया—एक ढेर रुई का
साया—एक आलिंगन, माया और आकर्षण का
साया—एक दीवार, पत्थर और मिट्टी का।

कितने तो रात की ही प्रतीक्षा करते रहते हैं
रात आ-भर देती है
दूर...सुनसान धर्मशाला में
भूले-भटके किसी यात्री के आकर
ठहरने की तैयारी-जैसा

सुबकती हुई रोती है रात
वेश्याओं के दुर्गन्धयुक्त पेटीकोट पर
एक रात चुपके से

परित्याग करते हैं बुद्ध यशोधरा का।
एक सम्पूर्ण रात फैल सकती है असन* के तहखानों में
जिन्दगी निद्रामग्न हो जाती है, रात-भर
साया तिरछा होता है—क्षितिज के आगोश में
रात की धारा में
खून फैल जाता है—पूर्व के शरीर पर
धूप चढ़ती है ऊपर की ओर
सुबह को जन्म देने की तत्परता में
सुबह को जन्म देने की तत्परता में।

---

* काठमांडू का एक बाजार

वैरागी काईंला

★

स्टेनो की डायरी

यह कि उसे दफ्तर जाना होता है :
चौक बाजार, बैरेक होते हुए कार्टरोड जाना होता है
चूल्हे और घर की चिन्ता से व्याकुल उसे
हर बार बीच ट्रैफिक में
(ट्रैफिक पुलिस की निगाह में ही)
किसी एक मृत्यु-सी गाड़ी की उपेक्षा करके कुचली हुई

कि हर मोड़, हर रास्ते में
हजार साँड़ों की आँखें उसका पीछा करती हैं
उधार देने के लिए बुलाते हैं हज़ार दुकानदार
हज़ार बलिष्ठ बाँहें बढ़ती हैं सहानुभूति देने को!
इसीलिए वह हर दिन

न खिला हुआ मातृत्व
गाँठ बाँधकर साड़ी के पल्लू में, भागती है

फिर तो
भरे ट्रैफिक में
कोई एक मृत्यु-सी गाड़ी उसे कुचलती जैसी निकल जाती है!

होता है आहत उसका स्वाभिमान—
पकड़ती है यत्न से वह गिरते हुए 'वेनिटी' को
उसके अन्दर होती है उसके अस्वस्थ पति की तस्वीर
एक ढहता घर भी, जिसकी वह मरम्मत करती हुई होती है!

कि उसे दफ्तर के अन्दर
(बीनने के लिए सूप में रखे चावल के बड़े-बड़े दानों की तरह)
फाइल के एक-एक अक्षर से
खेलना अच्छा लगता है, उबालना भी!

इसीलिए तो
उसे कभी-कभी
पेपरवेट से, तह किए हुए दबे कागज के पन्ने जैसी
अपनी यह जिन्दगी भी किसी
माया से दबाकर तह की हुई जैसी लगती है!
लेकिन बार-बार जब
त्रस्त होकर टाइप की कर्कश ध्वनि से
अचानक देखती है इधर-उधर
किसी अँगड़ाई के बहाने

कोई फाइल बदलने के बहाने
दूसरे क्लर्कों की भूखी दृष्टि
सदाचार के प्लेट में रखकर छील-छीलकर खाते
उसके होंठों, कपोलों, मांस और बाध्यता को;

तो फिर उसे
वैसे ही यथावत् मर जाना अच्छा लगता है,
स्वप्न और आकांक्षाओं का गर्भपात करा देना
—अच्छा लगता है
सच है, उसे यथावत् मर जाना अच्छा लगता है!
कि उसे दफ्तर से लौटते हुए
मात्र सेठ-साहूकारों से नहीं, ऑफिस से भी
भाग-भागकर चलना होता है
नहीं तो चौक बाजार के बीच में
सब्जी की दुकान में, कपड़े की दुकान में
जैसे कि मारवाड़ी गाँठ खोलकर बेचता है कपड़ा फाड़कर
अपने लोग भी फाड़कर बेचना चाहते हैं उसे
सहानुभूति के दो-चार टुकड़े
दो-चार तीखी बातें—
बीमार और अशक्त पति के विषय में...

इसीलिए तो उसके आगे
हज़ार घर ढह जाते हैं,
इसीलिए तो उसके आगे
हज़ार पति मर जाते हैं;

कपोल टटोलते हुए भागती है...घर की ओर
अकड़ती है, बन्द होती है साँस
हाँ, प्रत्येक बीवी
पति को माँग में सजाती रहती है!
इसीलिए तो भरे ट्रैफिक में
उधार खा-खाकर बचाई हुई
उसकी उधार जिन्दगी को-
कोई एक मृत्यु जैसी गाड़ी कुचलती जैसी चली जाती है

लेकिन, उसे
हर दिन जाना होता है दफ्तर;
फिर कोई एक...

भाउपन्थी

★

भयाक्रान्त

हमारे अन्दर
फैलती गर्मी की दोपहर में
असहाय ताप ओढ़े हुए
आतंकित सखुआ जंगल भी है
हमारे सफर के अनेक रास्ते
कहीं पहुँचने के अर्थ में
वही आतंकित सखुआ जंगल के भीतर
छटपटाते गायब हुए हैं।

ऊपर खुला आसमान है
न कहीं ऐसा

किसी का दिमाग चाटकर
चूहों ने छेद किया है।

भयसंकुल वहाँ पर
आत्मसुरक्षा के किले में
वे गेस्टापो हैं।

सफ़र में मत बोलो
बोलने का अर्थ हवा में भी
विरोध करना है
प्रतिष्ठा के आगे लड़ाकू सत्ता जनना है अपने लिए
कह रहा हूँ मत बोलो फिर, चुप!
हो सकता है बोलते-बोलते
कहीं से खट् एक गोली
तुम्हारे मुँह में...
फिर शब्द अर्थहीन होगा
टूटे शीशों जैसा

इस स्थिति में
क्या भला होगा—मुझसे न पूछो
तुम जैसा ही मैं भी
आतंकित हूँ; भयाक्रान्त विकृत हूँ।

कितना कठिन है
न हँसना पूर्व स्वीकृति के बिना
खाना-सोना-सफर करना

और रास्ते में खड़े होकर
अभिवादन न कर पाना आत्मीय मित्र को!

इसीलिए मुझसे तुम तक
एक दीवार खड़ी हो रही है—अभेद्य
सहज सम्बन्ध के आदिम पुल को
घृणा की दुर्दम्य बाढ़ बहा रही है।
केवल एक भयाक्रान्त सम्बन्ध है
हमारे बीच।

हिस्टीरियाग्रस्त आदमी जैसी
गति भयप्रेरित है हमारी।
शंका का काला सूर्य है मेरी हथेली में
इसलिए चलता हूँ मैं विष की गोली लेकर
क्योंकि मैं टाँके लगे हुए
प्रतिष्ठा के आकाशवादी निनाद को छोड़कर
भयाक्रान्त, विक्षिप्त और निराश हूँ!

श्रीमती भुवन ढुंगाना

★

युद्धनाच*

वे नाचते रहे, नाचते रहे
समय खत्न हुआ था नहीं
लालबत्ती जलती रही चहुँओर
वे आग जलाकर बत्तियों को खोजते रहे
बत्तियाँ और आग भी नाचती रही
धुएँ के पर्दे में वे लाल सूर्य को खोजते रहे
दिन हुआ ही नहीं, न.रात खत्म हुई
ऐसे ही वे दिन-रात नाचते रहे
भूमि पर टिके उनके पाँव और मिल गए
उठा ले गए तलवे

* बांग्लादेश मुक्ति-युद्ध को समर्पित

तलवे गिनने की फुर्सत नहीं थी उनको
बिन तलवे के आदमियों को छोड़ दिया उन्होंने
ये नाच नहीं सकते थे, मात्र हिलाते थे हाथ
दूर-दूर तक पहुँचाता रहा हाथ उनको
कोई स्टेज नहीं था
ऐसे ही वे नाचते रहे।

लाल कालीन बिछाई थी पुरुषों ने सारे रास्ते में
वहीं स्त्रियाँ
पलाश के फूलों-से पुत्र खोजती रहीं
पुत्र लाल कालीन के नीचे छिपते रहे,
—खोए रहे, सोए रहे
स्त्रियाँ पलाश के लाल फूल तोड़ती रहीं
पेड़ अब भी सूखा नहीं था
प्रेमिका ने जूड़े में फूल लगाया,
खोलकर अपनी लाल साड़ी
प्रेमी के रास्ते में बिछाने के लिए
वह सुस्त-सुस्त नाचती रही
उसका पलाश-पल्लव नहीं मुरझाया
प्रेमी ने दूर-दूर से सूँघा उस सुगन्ध को
'मैं जल्दी ही आऊँगा' समय निश्चित किया
प्रेमिका ने फूल चढ़ाया
उसका जूड़ा खुलता रहा
इस प्रकार वह नाचती रही
वह रो-रोकर, हँस-हँसकर नाचती रही प्रतीक्षारत

बेटे-बेटियों ने धुएँ में आँखें मीचीं
डरते हुए, चिल्लाते हुए, रोते हुए आँखें खोलीं
अब भी पिता सूर्य ढूँढ़कर नहीं लाए थे
बच्चों ने सफेद कागज में लाल सूर्य बनाया
पिता की लटकी हुई तस्वीर में उसे टाँग दिया
ऐसे ही वे नाचते रहे उछल-उछलकर

युवकों ने हाथ में ढोया लाल सूर्य को
बहनों ने गूँथीं पलाश की मालाएँ
हाथ हिलाया माँ ने दूर से ही
माँ की गोद में लिपट गए बच्चे
लालबत्ती जली-बुझी
आग जली-बुझी
उजाला दिखाते गए युवक लाल सूर्य ढोते हुए
माँ ने ढूँढ़ा बेटे को वहाँ
प्रेमिका को प्रेमी मिला वहाँ
बेटे-बेटियों ने चलचित्र देखा वहाँ
इसी तरह वे मन्द-मन्द नाचते रहे
एक स्टेज में...
एक स्टेज में...
उन्होंने घेर लिया वृत्त नृत्य में सम्पूर्ण स्टेज को

तालियाँ पीटीं दर्शकों ने
उनमें से कुछ हँसे, किसी ने आँसू पोंछे
वे झुंड-झुंड बाहर आए

नृत्य-चर्चा में मगन—
स्टेज की बत्ती के उजाले में
प्रदर्शनकारी 'द एंड' का गीत गाते रहे।

भूपी शेरचन

★

स्वस्थ नेताओं के नाम बीमार कवि का भाषण

तुम,
जो राष्ट्रीयता को खुद से भाग जाने के डर से
सलवार के नाड़े में बाँध देते हो
फिर जगह-जगह 'दौरा'* के बन्द से कसकर आश्वस्त होते हो

तुम,
जो राष्ट्रीयता के अपने दिमाग से हटने के डर से
या राष्ट्रीय विचार दिमाग में घुस जाने की आशंका से
हर क्षण ढाँकते हो सिर को टोपी से
तुम,
जो राष्ट्रीयता को एक मीठे भाषण का रंगीन गुब्बारा बनाकर
सदा उड़ाते हो नेपाली आकाश में

* नेपाली मिरजई—राष्ट्रीय पोशाक

तुम,
जो खुद जितना-जितना ऊपर चढ़ते गए
उतना ही अपने देश की मिट्टी को, जिसमें तुम खड़े हो
और वहाँ खड़े होनेवाले को भी उतना ही चढ़ता अनुभव करते हो
तुम,
जो चापलूसी + अवसरवादिता + स्वार्थ + छलकपट अनेक टिकियों
को पीसकर
राष्ट्रीयता के चित्ताकर्षक कैपसूल में बन्द करके
लील सकते हो और स्वस्थ दिख सकते हो
तुम,
जो राष्ट्रीयता को व्यक्तिगत उन्नति के लिए
सुनहरी मछली पकड़ने के काँटे में
चारा बनाकर लटकाकर
अवसर के खोल में डुबोकर प्रतीक्षा कर सकते हो।
मैं,
एक कवि
निर्बल, पर आत्माभिमानी
आर्थिक बाजार में न बिकाऊ
पर बौद्धिक जगत् में अपने अस्तित्व का अहसास रखनेवाला अहंवादी
अपनी महत्त्वाकांक्षा के फलस्वरूप
पराजित होकर, सब कुछ खोकर
सभी से अकेले होकर, अलग होकर दुर्योधन द्वारा
मुँह में ठूँसकर कमल की नाल
पोखर के अन्दर छिपकर
भीमसेन के गदा-प्रहार से बचने की कोशिश जैसा ही
मैं, जो अपनी पीड़ा और व्यथाओं से बचने के लिए

घबड़ाकर शराब की बोतल में छिप जाता हूँ
लेकिन बार-बार बाहर निकलकर
जीवन के 'फाउल' प्रहार से घायल होकर
अस्पताल की शरण में जाता हूँ
और ग्लूकोज़ ड्रॉप्स की काँच की नली के अन्दर
टप-टप टपकती हुई बूँद देखकर
खुद उस सेलाइन के अन्दर बैठकर
रोता हुआ और पछताता हुआ अनुभव करता हूँ।

ओ नेताजी! ओ माननीय जी!! ओ सम्माननीय जी!!
शायद तुम लोगों के पलड़े में
मैं राष्ट्रवादी नहीं हूँ
शायद मैं तुम लोगों की दृष्टि में
एक बीमार और बेकार नागरिक हूँ इस देश का
हाँ, यह सत्य है कि मैं बीमार हूँ
पर मैं एक बीमार देश का बीमार नागरिक हूँ
और मुझे पता है
कि मेरी और मेरे देश की बीमारी का कारण
तुम्हीं लोग हो
न कहो मुझसे कि
तुम लोगों की उन्नति से ईर्ष्या है मुझे
शायद तुम लोग ईर्ष्या के पात्र नहीं हो
मात्र दया के पात्र हो,
यह मत सोचो कि मेरी कोई इच्छा है तुमसे
हाँ, मेरी इच्छा है, बलिष्ठ इच्छा
कि किसी दिन मीनार की चोटी पर चढ़कर

चिल्लाकर पूछ सकूँ जोर-जोर से
अपने से और अपने जैसों से कि
ओ, हम कौन हैं?
जनता हैं? या जानवर?
फिर दे सकूँ एक अमर और भद्दी गाली
खुद को और दूसरों को।
शायद मेरे उस प्रश्न में
तुम सबके प्रश्नों का उत्तर होगा
शायद मेरी वह गाली होगी
ज़्यादा वज़नदार तुम लोगों के राष्ट्रप्रेम से!

मदन रेग्मी

★

शक्ति के उन्मत्त भैरव और न्याय माँगते हुए रोओं के हाथ

मेरे जैसे न्याय माँगनेवाले रोओं के हाथ
कुलबुलाते हैं जब-जब भी
एक जिन्दगी में एक ही बार
कुलबुलाते हैं जब-जब भी
सुस्त और नि:शब्द
काठमांडू के बाजार के शक्ति के उन्मत्त भैरव
अपनी हथेली-भर के, इस देश-भर के
मेरे जैसे न्याय माँगनेवाले रोओं के हाथ
काट देते हैं, बेझिझक

इसीलिए कहता हूँ मैं
इन असंख्य भक्तों के आगे
इन असंख्य स्तुतियों के आगे
इन असंख्य पर्वों के आगे
इन असंख्य जलसों के आगे
इन असंख्य वरदान माँगनेवालों के आगे
कि मुझे एक ही वरदान चाहिए—
यहाँ जन्म लेते हुए मैं नंगा जनमूँ
मेरा आगमन सिर्फ—
चमचमाती हुई चट्टान हो चुका है।

मोहन कोइराला

★

मैं तुम्हारी बेटी से प्रेम करता हूँ

जो फुदकती है हरी झाड़ियों में तुम लोगों को देखकर
झिझकती है अकेले में तुम लोगों को देखकर
ओ निष्कलुष पत्थर पर खड़े प्रतिबिम्ब!
तुम्हें क्या पता मैं तुम्हारी बेटी को कितना प्यार करता हूँ
पसीने के धब्बे और मुस्कान को
मेहनत से रँगे हुए कपोलों को प्यार करता हूँ
मैं उस लड़की से प्रेम करता हूँ
    जो थकी है अभी-अभी फावड़े से
    मुगरी चलाने से थकी है
    यौवन की दहलीज पर चढ़ रही है अभी-अभी
    ठहरी नीम की छाँह में

मैं प्रेम करता हूँ तुम्हारी कोंपल को
मैं उस लड़की से प्रेम करता हूँ
मैं चलता रहता हूँ
लेकर खुरपा और कुल्हाड़ी नाव के लिए डाँड़ खोजने
छेनी और घन लेकर चक्की के लिए पत्थर खोजने
डाँड़ और कील लेकर नदी के लिए तटबन्ध खोजने
—मैं थोड़ी देर दिखलाई दूँगा
हल चलाता हुआ
मूर्ति गढ़ता हुआ
नहर निर्माण करता हुआ
मुझे गौरव है मैं मूँछें सहलाता हूँ
जिसने पहले मिट्टी की मेड़ बनाई
हरी पत्तियों से सजाया उस मेड़ को
ओ आदमी, जहाँ पौधे मुरझाएँगे
पसीने से सींचेंगे
जहाँ कोमल जड़ अड़ेगी पत्थर से
वहाँ कुदाली से गोड़ेंगे
जहाँ फसल चोट खाएगी
चाटेंगे वहाँ थूक से
जहाँ कोमल अंकुर को कीड़ा लगेगा
चिमटी से उसे निचोड़ेंगे
उसी एक बाल और धूल से
हम गले लगा लेंगे संसार को
काम से न थकती अपनी आत्मा को।
हमें वरदान मिला है
हम भाग्यशाली हैं

जिसके आगे झुकते हैं, झूलते हैं
वसन्त, शिशिर।
रुई में लपेटी हुई आत्मा से ज्यादा
सुरक्षित हैं मिट्टी के ढेले
ओ आदमी, मैं वह हूँ
जो अपने भाग्य का निर्माण करता है खुद
कुल्हाड़े से
साफ करता है, तराशता है, रंग भरता है
ओ आदमी, मैं वही हूँ जो रचता है अपने भाग्य को खुद
बलिष्ठ कलाई के लिए
पवित्र और मीठी रस्मों के लिए
मीठी मोटी रोटी के लिए
हम कितने लुब्ध हैं
प्रेम करना अपराध है और
हम आपस में प्रेम करते हैं
मिट्टी में प्रेम छितराते हैं, हृदय में अंकुरित करते हैं
हम अपने बच्चों को धरती से उठाते हैं—
पुचकारते हैं और
चूमते हैं
हम तुम्हारी बेटी से प्रेम करते हैं।

मोहन घिमिरे

★

समय संक्रान्ति

आज के दिन से ही शुरू करता हूँ।
दिन मात्र कहने लायक—
हथेली में यह ऐसा दिन है
न धूप है, न चाँद, न सन्ध्या
कहीं नहीं गया मैं
सब खड़े हैं अभिवादन के लिए
इसको दिन कह देने से हो जाएगा!
छत में लाल धूप का टीका
सुलाकर ढेर सारे पिस्सू बिछावन में
धूप थक जाती है, अब नहीं निकलेगी कभी
हम धूप का अभिवादन न कर पाएँगे कभी भी
संक्रान्ति/खटमल और पिस्सू का दाग़

बूचड़ का कुन्दा
जरूर आज से ही...
आज ही ऐसा दिन है
धूप पिघलकर छलछलाती
कपोलों से पसीना टपकता हुआ
आकाश फिसला हुआ है हथेली से स्खलित होकर
कथित पगडंडियाँ बिगड़ी हुईं
घुटना, तलवे और हथेलियाँ विदीर्ण टपकती हुईं
रक्त पानी, पानी का बहाव
प्यास हृदय से सूखकर
फेफड़े में झुर्रियाँ पड़ी हुईं
जीर्ण हथेली खल्वाट सिर
दिन/बालू, आदमी/बालू, समय/बालू
पसीना/बालू, बालू/बालू/बालू/बालू

जरूर आज का ही दिन है
हृदय, सिर, हथेली मरी हुई,
मैं ऊपर से नीचे तक मरा हुआ
लुढ़कता सड़क पर दारू पीकर
अशौच बारना* पड़ेगा।
अपने-अपने प्रेत, किरिया वेदी पर सिर घटक फोड़ने होंगे खुद ही

आज का ही दिन है
आज से ही शुरू करता हूँ।

---

* मृत्यु के समय अशौच के दिन बिताना।

यादव खरेल

★

स्थिति

यह शून्य जैसी आकुलतामय अकर्मण्यता
यह घृणायुक्त अनास्था 'कुछ न होने' जैसी
यह अँधेरे जैसी भयव्याप्त निराशा
आज चुनौती देती है मानवीय अस्तित्व को

पनपती है जर्जरता,
पनपता है सूखा, अकाल, लँगड़ा-लूलापन, पक्षाघात
जीवन से वितृष्णा जैसे पाप—
छिपकर देखना चाहता हूँ आज मृत्यु को—
जीवन के अन्दर से।

ये माताएँ
चीते और भेड़िए, जन्मा रही हैं
कुत्ते और लोमड़ी,
बिल्ली और सियार।

सुनो मर्म के अन्दर से उठते चीत्कार
त्रस्त हाहाकार।
देखो रो रहा है क्राइस्ट आज
कील से मर्माहत होकर, उस कील से
जो भाई द्वारा ठोंकी गई है भाई की छाती में।

घात-प्रतिघात की चोट से मर्माहत
ईर्ष्या-घृणा की ये आग
बुझाना चाहती है रक्त से आदमी
काल-रात्रि जैसी नाचना चाहती है मात देकर।

थकित गांधी रो रहा है आज
हिंसा के रक्त से रंजित
भाइयों के हाथ पकड़कर।

योगेशराज उपाध्याय

रात और तुम

...रात!
रात विद्रोह करती है तुम्हारे विरुद्ध
रात ईर्ष्या करती है तुम्हारी ईर्ष्याओं से
रात भूकम्प लाना चाहती है तुम्हें छिन्न-भिन्न करने
रात एक हल्का विष है जो मन्द फैलता है तुममें

इस वक्त तुम नहीं सोच सकते हो कोई फूल—
रजनीगन्धा, कुमुदिनी, गुलाब या कुछ भी
सब फूलों की बास खोए होते हैं विश्वास
सब फूल मुरझा गए हैं असमय ही, तुम्हारे लिए

इस वक्त तुम न सोच सकोगे कोई भी सम्भावना
दूर बजनेवाली सिम्फनी भी अर्थहीन है
तुम सम्मोहित-विक्षिप्त हो रात के संगीत से
नीचे गली में, दूर सड़क से आती हुई पदचाप में
तुम्हारे लिए कोई आस्था और विश्वास का सन्देश नहीं है

तुम अपना षड्यंत्र महसूस कर सकते हो
मन्द आग फैलने-सा
फैलती है ईर्ष्या, फैलता है विद्रोह, विष और जलन
अगर तुम चाहते हो
सिमट जाना, एक रात के आगोश में।

रमेश श्रेष्ठ

★

कीर्तिपुर को चाँदनी में सम्बोधन

चाँद नदी चाँद रात
चाँद चट्टान चाँद आकाश
चाँद पर्वत चाँद बादल
मैं पर्वत के ऊपर चाँद जैसा चलूँगा
बागमती में चाँद बन बहूँगा
किनारा-ही-किनारा बालू के बादल के ऊपर
चाँद बन नाचूँगा। चाँद नृत्य चाँद गीत चाँद हावभाव
चाँद नृत्य चाँद के नीचे चाँद घास में अकेले
कीर्तिपुर की मुक्ति के लिए चाँद-नृत्य
मैं तुम लोगों के लिए दारू, कच्चा गोश्त और प्याज खाकर
रात-भर चाँद पर्वत के ऊपर बहकूँगा
मैं बहका हुआ कीर्तिपुर के साथ एकात्मकता स्थापित करना चाहता हूँ

हम दोनों बहकते कदम एक ही जगह टेककर
धँस जाते हैं/एक-दूसरे की कुहनी से टिकते हैं
इतिहास की नशीली मस्त आँखों से काठमांडू की झिलमिल
बत्तियों की ओर देखते हैं
ढुलमुलाते पहाड़ी के नीचे उतरते हैं प्याज-दुर्गन्ध के साथ
शहर के लिए बस में चढ़ते हैं
चाँद उछलते हैं
चाँद जंगल
चाँद वर्षा
चाँद खेत
मैं तुम्हें चाँद में सम्बोधित करना चाहता हूँ कीर्तिपुर
तुम्हारे पाँव का चाँद तुम्हारी छाती का चाँद चूमना चाहता हूँ
तुम्हारे केशों के चाँद सूँघना चाहता हूँ
तुम्हारी शरीर-गुफा के अन्दर चाँद कैसे खेलता है
लुका-छिपी
चाँद रिस रहा है
मैं उत्तेजित होकर चाँद फोड़ना चाहता हूँ
तुमको चाँद आलिंगन करता हूँ
चाँद टटोलता हूँ
चाँद अँधेरे में
कीर्तिपुर! हम दोनों चाँद पंख से विचरेंगे
विशाल अनन्त की ओर
चरम आनन्द की ओर
पूर्ण वरदान की ओर।

स्व. लक्ष्मीप्रसाद देवकोटा

★

पागल

हाँ, दोस्त! मैं पागल!
यही है मेरा हाल!

मैं शब्द को देखता हूँ, दृश्य को सुनता हूँ, सुगन्ध का स्वाद लेता हूँ
आकाश से भी सूक्ष्म वस्तुओं को छूता हूँ
जिनका आकार दुनिया नहीं जानती।
मैं देखता हूँ पत्थर में फूल
जब जल किनारे जलस्निग्ध कोमलाकार, चाँदनी में स्वर्ग की
जादूगरनी मेरी ओर हँसती हुई, खिलती हुई, सुगन्धि बिखेरती हुई
उठ खड़ी होती है—
जागकर, रूप बदलकर, कोमल होकर, शान्त होकर, चमक लेकर
दमक लेकर उठ खड़े होते हैं—

मूक पागल की तरह—फूल जैसे एक किस्म के चकोर फूल।
मैं उनसे बातें करता हूँ, जैसा कि वे बोलते हैं मुझसे
ऐसी भाषा! दोस्त! जो लिखी नहीं जाती, छापी नहीं जाती,
बोली नहीं जाती, समझाई नहीं जाती, सुनाई नहीं जाती...
चाँदनी गंगा तट, लहर बन आती है उसकी भाषा,
दोस्त लहर लहर!
हाँ दोस्त! मैं पागल!
यही है मेरा हाल!
तुम चतुर हो, वाचाल! [क + ख]^2 तुम्हारा क^2 + क ख + ख^2
ही हमेशा चल रहा है,
मेरे गणित में एक से एक निकालने के बाद
एक ही शेष रहता है,
तुम पाँच इन्द्रियों से काम करते हो, मैं छठी से
तुम्हारे दिमाग़ है दोस्त! मेरे पास दिल!
तुम गुलाब को गुलाब के सिवा कुछ और नहीं देख पाते हो।
मैं उसमें हेलेन और पद्मिनी पाता हूँ।
तुम बलिष्ठ गद्य हो मैं तरल पद्य हूँ,
तुम जमते हो जब मैं पिघलता हूँ
तुम स्वच्छ होते हो जब मैं धूमिल पड़ता हूँ
और ठीक उसके विपरीत! तुम्हारी दुनिया ठोस है : मेरी वाष्पीय
तुम्हारी मोटी, मेरी पतली!
तुम पत्थर को वस्तु मानते हो, ठोस
कठोरता तुम्हारा यथार्थ है, मैं ख़्वाब को पकड़ना चाहता हूँ
जैसे तुम उस ठंडे मीठे अक्षर भरे सिक्के के गोलाकार सत्य को।
काँटा मेरा अपना है! जीरे-जवाहरात तुम्हारे!
तुम पहाड़ को मूक कहते हो, मैं कहता हूँ वाचाल

जरूर दोस्त! मेरा एक नशा ढीला है!
यही है मेरा हाल!

मुझे माघ की ठंड में तारों की सफेद प्राथमिक उष्णता सेंकते
हुए देखकर, दुनिया ने मुझे तरंगी कहा!
श्मशान से लौट आने के बाद सात दिन तक गुमसुम रहने पर
दुनिया ने मुझे भूत-लगा कहा
तुम्हारे केश में पैंतालीस वर्ष के तुषारांश को देखकर मेरे
चालीस दिन तक रोने पर दुनिया ने मुझे सनकी कहा
वसन्त की पहली कोकिल तान सुनकर नाचते हुए
देखकर मुझे पागल कहा
एक निस्तब्ध अमावस्या से दम घुटकर
जब मैं प्रलय-वेदना से छटपटाया, तिलमिलाया
मूर्खों ने मुझे बेड़ी में जकड़ डाला
तूफान के साथ एक दिन जब मैं गीत गाने लगा
तो बुजुर्गों ने मुझे राँची भेज दिया।
एक दिन खुद को मरा हुआ मानकर मैं चित पड़ा था
एक दोस्त ने जोर से चिकोटी काट दी और कहा—
'अरे पगले! कहाँ तेरा मांस अभी मरा है?'

मैंने नवाब की मदिरा को खून कहा है, छिपी हुई रंडी को लाश
राजा को गरीब, सिकन्दर को मैंने गाली दी है,
महात्मा की निन्दा की है
नगण्य व्यक्ति को सातवें आसमान तक प्रशंसा के पुल पर
चढ़ाया है मैंने
तुम्हारे महापंडित मेरे मूर्ख तुम्हारा स्वर्ग मेरा नरक

तुम्हारा सोना मेरा लोहा
दोस्त! तुम्हारा धर्म! मेरा पाप!
जहाँ तुम खुद को चालाक समझते हो
वहाँ मैं देखता हूँ तुमको निपट गँवार
तुम्हारी उन्नति मेरी अवनति, दोस्त! ऐसा ही है मोल-भाव
का उलट-फेर
दोस्त! तुम्हारा विश्व मेरा बाल
जरूर दोस्त, मैं बिल्कुल चन्द्राहत हूँ चन्द्राहत!
यही है मेरा हाल!

मैं अन्धे को दुनिया का अगुआ/पथ-प्रदर्शक देखता हूँ
गुफा-तपस्वी को भगोड़ा देखता हूँ
मिथ्या के मंच पर आसीनों को काले नट-सा देखता हूँ
मिथ्याचारियों/जालियों को सफल पाता हूँ, साधुओं को विफल पाता हूँ
प्रगति को अगति पाता हूँ
या हूँ मैं ऐंचाताना, या हूँ मैं दीवाना!
साथी मैं दीवाना!

निर्लज्ज नेतृत्व की नीरस रसना का रण्डी-नाच देखो!
जन-अधिकार की टूटती रीढ़ को देखो!
हीरे के मोल बिकते हुए आजकल के टूटे-फूटे काँच को देखो!
जब गौरैया के सिर जितने बड़े समाचार-पत्र के काले झूठ
मेरे विवेकी वीर को झूठे षड्यंत्रों से ललकारते हैं
तब होते हैं मेरे गाल लाल दोस्त
मेरे गाल जलते अंगारे-से लाल!
जब सीधे-सादे अक्रिय लोग काला ज़हर पीते हैं

दोनों कानों से मेरे ही सामने अमृत समझकर
तब होते हैं खड़े मेरे रोम दोस्त!
गॅर्गन के सर्प-केश जैसे मेरे ताने मारे गए एक-एक रोम
जब बाघ को तत्पर देखता हूँ निर्दोष मृग खाने को
या बड़ी-बड़ी मछली छोटी मछलियों को
तब मेरी जीर्ण-शीर्ण हड्डी भी दधीचि का
भयंकर आत्मबल लेकर फड़क उठती है,
दोस्त,
बिजली गिरे वक्त-सा!
जब इनसान इनसान को इनसान नहीं समझता दोस्त!
तब कड़कड़ाते हैं मेरे दोनों जबड़े बत्तीसों दाँत
जैसे हों भीमसेन के दाँत,
फिर,
प्रकुपित पागल आँखों के लाल-लाल अंगारे
चारों ओर घुमाकर खास दृष्टि से
अमानवीय इस मानव जगत् को
एक आग की लपट की तरह देखता हूँ दोस्त—
उछलते हैं मेरे कल-पुर्जे—
खलबल, खलबल—
तूफान हो जाते हैं मेरे श्वास-प्रश्वास
विकृत होता है मेरा चेहरा—
जलता है मेरा दिमाग दोस्त, बड़वानल की तरह, बड़वानल की तरह!
मैं जंगली आग की तरह पगला जाता हूँ,
पागल हो जाता हूँ दोस्त!
ज्यों कच्चा चबा जाऊँ इस विश्व विशाल को!
जरूर दोस्त! मैं सुन्दर चकोर

असुन्दर-भंजक-कोमल-क्रूर
चिड़िया, स्वर्गिक चोर
तूफान-पुत्र, पागल ज्वालामुखी का उद्गार
भयंकर व्यक्तित्व-पाल
जरूर दोस्त! उन्मादग्रस्त हूँ मैं! उन्मादग्रस्त
यही है मेरा हाल।

शैलेन्द्र साकार

★

घोषणा-पत्र

मुझे प्रदर्शनी में जीवित मानकर खड़ा किया गया है
उस स्थिति को मैं निरर्थक भी मान सकता हूँ
मैं इस जीवन के किसी भी पक्ष को अस्वीकारता हूँ
मुझे भोगा गया है, मैंने भी भोगा है
मैं अपने से अपने तक यात्रा कर रहा हूँ।
मैं हर स्त्री में रुचि रखता हूँ
वैसे भी भारी खतरा मोल ले रहा हूँ।
कुछ ऐसे कर्म भी हैं जो निरुद्देश्य किए जाते हैं ज्यादा
मैं अपनों से त्रस्त हूँ
स्थितियों से भी।
अनिर्णीत हूँ। विरोधी हूँ।
अब कविता के थिएटर और मन-मस्तिष्क में मौन हूँ

गैर-जिम्मेवार हूँ उपाधि और उपलब्धि की ओर
सुबह सोता हूँ, दिन में घूमता हूँ, भूलता हूँ
अपने को घृणा करता हूँ। कथनों से मुक्त हूँ।
तर्क भी नहीं है दर्शन भी।
गम्भीर बनने की असफल कोशिश में हूँ।
विवादरत हूँ बहुत बार खुद से।
अपमानित हुआ हूँ बहुत बार
बहुत बार कर्मचारी और बेकार हुआ हूँ
अफसोस, खरा गद्य हूँ सड़क में बिछाया गया—कंक्रीट-सा
अफसोस, मेरा कोई भी पुर्जा गेय नहीं है—नहीं रहे।
किसी भी बात में निश्चित नहीं हूँ।
किसी का आकाशभेदी कमरा देखकर भावुक बनता हूँ
किसी का जीवनोद्‌देश्य सुनकर मजा लेता हूँ—कॉमिक सिनेमा का।
कुरूप और भयावह वर्तमान के बीच हूँ
चारों ओर से घृणित हूँ खुद और अपना—वर्तमान क्रूर है।

हरिभक्त कटुवाल

★

कविता की खोज

इस शहर में आने-जानेवाली आकृतियों में
कविता को ढूँढ़कर बहुत बार निराश हुआ हूँ
लेकिन सदा अपनी तरह उन चेहरों में भी,
उलझी देखी है दाल-भात की समस्या,
जैसे हम भूल चुके हैं आदमी का अर्थ
और हुकूमत को छोड़कर हम कुछ नहीं सोच सकते
कोई वृत्त लाँघकर, फाँद नहीं सकते हैं हम
फिर कहाँ मिलेगी कविता?

कविता—कहीं भूखे मजदूर के चेहरे में होगी
जो दिन-भर पत्थर फोड़ता है राजमार्ग में
या रंगरूट के चेहरे में होगी

या गायक भिखारी के चेहरे में होगी
या जो परिवार को भूलकर दरबानी करता है रात-भर
जो पर्यटक से पाँच पैसे प्राप्ति के बाद पचास दुआएँ देता है।

लेकिन मैं एक व्यस्त आदमी
जिसको फुर्सत नहीं कविता ढूँढ़ने की
जो कवि कम और नौकर ज़्यादा है
फिर कहाँ मिलेगी कविता मुझे?
इस वक्त सोच रहा हूँ
ले जाकर रख दूँ इस जिन्दगी को किसी अजायबघर में
और चिपका दूँ यह इश्तहार बड़े-बड़े अक्षरों में :
'सिर झुकाकर रोजगार बचाने में तल्लीन
मृत्यु के साथ भागता हुआ
यह हरिभक्त कटुवाल है, मुर्दा कटुवाल!'

हरि अधिकारी

★

मृत्यु गीत

वह मरने के बाद की मुद्रा में खड़ा है
एक ही मुद्रा, जिसमें कोई स्वर, पीड़ा या
कोई उद्दीपन, नहीं बचता है न उसका स्रोत भी—
जैसे यहाँ उपस्थित है शिरीष का अकेला पेड़,
नंगी लॉन, बाथ केबिन और अस्तित्वहीन—पत्थरों,
जैसे शहर की धुँधली गलियों में निरर्थक छाया—घूमती है
अपने स्वप्न को टोकते हुए जैसे आदमी
सड़क से घसीटते हैं सड़क तक
अपने को।
जैसे...
कहीं किसी भी उपमा से ये पुष्ट न हो सकेगा
यह एक सम्पूर्ण मृत्यु है,

युग की छाती से आती हुई दुर्गन्ध के ज्वार से—मरने के बाद
भी उसको सताती है।

मैं उसकी आँख को नई दृष्टि और उसकी
मुद्रा को नया आवरण देना चाहता हूँ
मैं जगाना चाहता हूँ उसको
उसकी जन्म-पूर्व ली हुई शपथ को
और जन्म-पश्चात् बँधी हुई मुट्ठी के अन्दर—के संकल्प को
दुहराना चाहता हूँ मैं फिर एक बार।

इतना ही नहीं बर्बरों द्वारा कुचली हुई उसकी आस्था को
और घायल देह को, मैं एक बार खड़ा करना चाहता हूँ
मैं अस्वीकार करता हूँ उसकी 'आदमी' की मृत्यु

मेरे इस प्रयास के बीच से चट्टान-सा वह सिर उठाता है
पर आश्चर्य, किसी ने उसकी आँखें निकाल दी हैं
रक्त को भी सोख लिया है—
—जो उसकी धमनियों में प्रवाहित होता था
वह एक बार जगा-सा दीखता है और एक बार
दृष्टिहीन दृष्टि से
क्षितिज की ओर ताकते हुए वह काँपता है
इन तिक्त पौधों के नारकीय जंगल में
ढल जाता है वह
और अन्तर्लोप हो जाता है।

हेम हमाल

★

आप ढह जाइए

मेरे घर में
तीन युग सो रहे हैं
मैं,
मेरा बेटा,
और एक मंजिला ऊपर—
मेरे पिता।
सोते-सोते
धरन बन गये हैं मेरे पिता
और मैं
दीवार बनकर
उनसे खड़ा रहा हूँ

धरन ढह सकती है
किसी भी वक्त।

मेरा बेटा
भूकम्प देखकर सपने में
चिल्लाता हुआ—
'ओ पिताजी, ओ पिताजी!'
मुझे जगाने की कोशिशें करता है
मैं, यानी दीवार,
जैसे का तैसा
निस्तब्ध खड़ा हूँ।
धरन और दीवार के बीच
कैसे पैदा हुआ मेरा बेटा
उसे भी कोई रास्ता न मिला
वह—
खड़ा होने के प्रयास में
चिल्ला रहा है—
'आप हट जाइए, ओ पिताजी,
आप ढह जाइए,
आप गिर जाइए!'

कवि-परिचय

ईश्वरवल्लभ : जन्म—1937 ई.। अपनी अस्थिर मान्यताओं के कारण विवादग्रस्त। काव्य-प्रतीकों के बेजोड़ प्रयोगकर्ता। नेपाली साहित्य में 'तेस्रो आयाम' अभियान से सम्बद्ध। 'आगोका फूलहरु हुन्, आगोका फूलहरु होइनन' नामक कविता संग्रह के लिए 'मदन पुरस्कार' से सम्मानित।

उपेन्द्र श्रेष्ठ : जन्म—1937 ई.। प्रयोगधर्मी कवियों में प्रमुख काव्य-हस्ताक्षर। मिथ्या इतिहास, जड़वादी सामाजिकता और भ्रष्ट राजनीति के खिलाफ रोष, विद्रोह और व्यंग्य के कवि।

कालीप्रसाद रिजाल : भूपि शेरचन द्वारा शुरू की गई कविता-धारा के सुपरिचित कवि। सामाजिक-राजनीतिक विसंगतियों के

प्रति असन्तोष और विद्रोह तथा सरल काव्याभिव्यक्ति के लिए विशेष रूप से चर्चित। **कृतियाँ :** 'ज्वार-भाटा', 'रिजालका केही कविताहरु'।

कृष्णभक्त श्रेष्ठ : नेपाली कविता में एक नए युग के आरम्भकर्ता। पारम्परिक शैली को खंडित कर नेपाली काव्य में मानवीय निराशा के गायक उद्घोषक कवि। **कृतियाँ :** 'कृष्णभक्त की कविता'।

किशोर नेपाल : जन्म—1951 ई.। 1968 के बाद नेपाली काव्याकाश में उभरे महत्त्वपूर्ण कवि और कथाकार। **कृतियाँ :** 'अर्के प्रस्तर' (कथा संग्रह), 'रंग मंडल' (उपन्यास) तथा 'आत्महत्या को विरुद्ध' (अनुवाद)।

कुन्दन शर्मा : आधुनिक नेपाली कविता की महत्त्वपूर्ण कवयित्री। रूढ़, लेकिन प्रचलित मान्यताओं के खिलाफत भरे काव्यस्वर के लिए समादृत।

गोपालप्रसाद रिमाल (स्वर्गीय) : जन्म—1918 ई.। मृत्यु—1973 ई.। आधुनिक नेपाली कविता के जनक, क्रान्तिकारी कवि। नेपाली कवियों के अजस्त्र प्रेरणास्त्रोत।

जगदीश घिमिरे : जन्म—1946 ई.। महत्त्वपूर्ण कवि-कथाकार। **कृतियाँ :** 'लिलाम' (उपन्यास), 'साबिति' (उपन्यास), 'जगदीशका कथाहरु' (कहानी-संग्रह)।

तोया गुरुंग : आठवें दशक में चर्चित महत्त्वपूर्ण कवयित्री और एक प्रखर काव्य-प्रतिभा।

दमन ढुंगाना : विरोध की राजनीति से जुड़े प्रतिबद्ध कवि। कविता से मानव-चेतना को झकझोर देनेवाले बहुचर्चित काव्य-हस्ताक्षर।

नगेन्द्र थापा : गीत और कविता में समान रूप से कलम चलानेवाले रचनाकार। नेपाली संगीत के गहन अध्येता। कविता के माध्यम से सांस्कृतिक चेतना फैलाने में संलग्न।

पारिजात : जन्म—1936 ई.। मूलत: उपन्यासकार, फिर कवि। शून्यवाद से शुरू होकर उग्र प्रगतिवाद तक की साहित्यिक यात्रा के लिए विवादास्पद कवयित्री। 'मदन पुरस्कार' से सम्मानित।

पुरुषोत्तम बस्नेत : प्रेम और संवेदना के कवि। विचार के स्तर पर विरोध की राजनीति में सक्रिय। कम लिखकर भी अत्यधिक प्रतिष्ठार्जन। मासिक पत्र 'मुकुट' का सम्पादन।

वासु शशी : सातवें दशक के महत्त्वपूर्ण कवि। कुछ समय तक नेपाली अकादेमी से सम्बद्ध रहे।

वाणिरा गिरि : आक्रोश और विद्रोह की कवयित्री। आधुनिक कविता में विशिष्ट लय और ध्वनि के लिए बहुप्रशंसित। **कृतियाँ :** 'एउटा एउटा जिउँदो जंगबहादुर'।

वैरागी काईंला : मूल नाम : तील विक्रम नेम्वांग। 'तेस्रो आयाम' कविता-आन्दोलन के प्रारम्भकर्ता। जीवन की जटिलताओं को बोधगम्य और स्वतंत्र शैली में अभिव्यक्त करनेवाले चर्चित कवि।

भाउपन्थी : मुख्य रूप से कथाकार। कवि के नाते भी सुपरिचित।

श्रीमती भुवन ढुंगाना : 1970 के दशक में नेपाली कविता में चर्चित हुई प्रतिभाशाली कवयित्री। भावुक और रोमैंटिक।

भूपि शेरचन : कविता के माध्यम से समाज में व्याप्त भ्रष्टाचार, अनैतिकता और विसंगतियों को अनावृत करनेवाले महत्त्वपूर्ण कवि। अत्याधुनिक नेपाली कविता में प्रगतिशील काव्यधारा के जनक। **कृति :** 'घुम्ने मेच माथी अन्धो मान्छे'।

मदन रेग्मी : नेपाली गद्य-काव्य में अमूर्त शैली के विशिष्ट काव्य-हस्ताक्षर।

मोहन कोइराला : 'नदी किनारा का माझी' काव्य-संग्रह पर 1982 के 'मदन पुरस्कार' से सम्मानित। नेपाली गद्य-कविता में दुरूहतावाद के प्रवर्तक। कविता में शिल्पगत कलात्मकता के प्रबल पक्षधर। **कृतियाँ :** 'लेक' (कविता), 'मोहन कोइराला का कविताहरु'।

मोहन घिमिरे : 1968 के बाद के कवियों में एक महत्त्वपूर्ण हस्ताक्षर।

यादव खरेल : स्वच्छन्द काव्यधारा के विद्रोही कवि। सिने-निर्देशन में ब्रिटेन से प्रशिक्षण-प्राप्त।

योगेशराज उपाध्याय : 1968 के बाद चर्चित हुए कवियों में कलात्मक कविता के आग्रहशील कवि।

रमेश श्रेष्ठ : यथार्थवादी काव्यधारा के समर्थ कवि।

लक्ष्मीप्रसाद देवकोटा (स्वर्गीय) : नेपाल के महाकवि। राहुल सांकृत्यायन के शब्दों में—'पन्त, प्रसाद और निराला' एक साथ।

शैलेन्द्र साकार : जन्म—1947 ई.। विद्रोही चेतना के प्रखर कवि।

हरिभक्त कटुवाल : नेपाली के प्रमुख कवि, गीतकार।

हरि अधिकारी : प्रमुख कवि।

हेम हमाल : मानवीय संवेदना के महत्त्वपूर्ण कवि।